# GUIDE

## DU

# TRÉSORIER GÉNÉRAL

## ET DU

# RECEVEUR DES FINANCES

POUR LA

VÉRIFICATION DU SERVICE ET DE LA COMPTABILITÉ

DES PERCEPTEURS

ET DES RECEVEURS DES COMMUNES ET DES ÉTABLISSEMENTS DE BIENFAISANCE

## Par Victor GOUTTE

EX-EMPLOYÉ DE PERCEPTION ET DE RECETTE MUNICIPALE

FONDÉ DE POUVOIRS

DE M. LE RECEVEUR DES FINANCES DE SAINT-SEVER (LANDES)

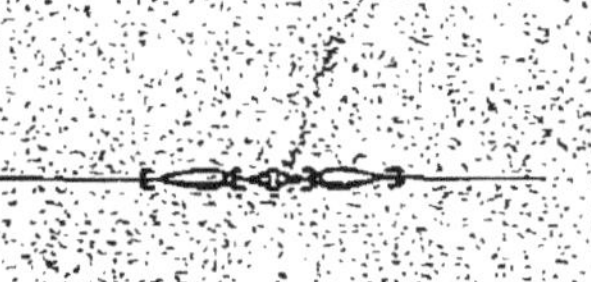

## PARIS

LIBRAIRIE ADMINISTRATIVE DE BERGER-LEVRAULT ET Cie

5, rue des Beaux-Arts

MÊME MAISON A NANCY

1881

# GUIDE

## DU

# TRÉSORIER GÉNÉRAL

### ET DU

# RECEVEUR DES FINANCES

POUR LA

VÉRIFICATION DU SERVICE ET DE LA COMPTABILITÉ

DES PERCEPTEURS

ET DES RECEVEURS DES COMMUNES ET DES ÉTABLISSEMENTS DE BIENFAISANCE

## Par Victor GOUTTE

EX-EMPLOYÉ DE PERCEPTION ET DE RECETTE MUNICIPALE

FONDÉ DE POUVOIRS

DE M. LE RECEVEUR DES FINANCES DE SAINT-SEVER (LANDES)

PARIS

LIBRAIRIE ADMINISTRATIVE DE BERGER-LEVRAULT ET C<sup>ie</sup>

5, rue des Beaux-Arts

MÊME MAISON A NANCY

1881

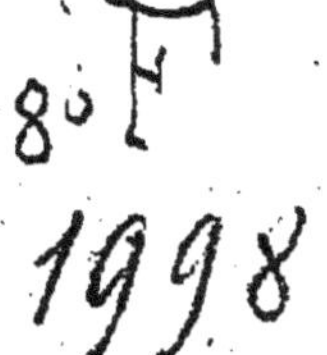

# AVANT-PROPOS

Le service de la perception et celui de la
recette municipale ont pris depuis plusieurs
années une telle extension, que l'accomplissement des devoirs imposés à MM. les Trésoriers
généraux et Receveurs particuliers des Finances,
par l'article 1306 de l'instruction générale du
20 juin 1859, et rappelés par la circulaire de
M. le Directeur général de la comptabilité publique du 20 octobre 1877, devient de jour en
jour plus difficile, même pour ceux de ces chefs
de service qui ont passé leur vie dans l'administration et débuté par la perception. Il s'ensuit
que les vérifications en général ne portent que
sur une faible partie du service et qu'outre les
inconvénients graves qui peuvent en résulter
pour MM. les Trésoriers généraux et Receveurs
des Finances, les rapports ne font pas ressortir
d'une manière exacte le mérite de chaque comptable et n'établissent souvent que très peu et
même pas de différence entre le comptable rem-

plissant toutes les obligations qui lui sont imposées et celui qui en néglige une grande partie.

Il m'a semblé qu'un recueil présentant, sous forme de questionnaire, le résumé très succinct des instructions, aurait le double avantage de combler une lacune préjudiciable aux intérêts du service et des bons comptables et de faciliter le contrôle de MM. les Trésoriers généraux et Receveurs des Finances, tout en le rendant à peu près uniforme.

Dans ce double but, je viens de publier le recueil ci-après.

V. GOUTTE.

# GUIDE

## DU

# TRÉSORIER GÉNÉRAL

### ET DU

## RECEVEUR DES FINANCES

———o◦%◦o———

Abréviations contenues dans le présent recueil.

I. G. Instruction générale du 20 juin 1859. Les numéros qui suivent indiquent les articles de cette instruction.

I. A. Instruction du 20 septembre 1875, sur les amendes. Les numéros qui suivent indiquent les articles de cette instruction.

C. P. Circulaire de la direction générale de la comptabilité publique.

M. F. Circulaire de la direction du mouvement général des fonds.

———

En arrivant chez un comptable, l'agent vérificateur doit tout d'abord se faire représenter les valeurs de caisse et de portefeuille ( numéraire, pièces de dépenses, timbres mobiles, récépissés de dépôt de traites de coupes de bois, etc. etc.), et en dresser un bordereau qui est certifié par lui et par le comptable vérifié. Il procède ensuite à l'arrêté des écritures et des registres et établit le bordereau de situation, conformément aux prescriptions des articles 1514 à 1516 de l'I. G. Si le total des valeurs représentées, augmenté des placements au Trésor et des soldes créditeurs des comptes d'avances à recouvrer (soldes à justifier), n'est pas conforme à celui des excédents de recettes, mention en est faite sur le procès-verbal de vérification, ainsi que des explications du comptable vérifié. La vérification est continuée d'après le questionnaire suivant.

### Caisse.

1. La caisse était-elle exacte ?

2. Le comptable refuse-t-il les pièces démonétisées ou étrangères n'ayant pas cours ? (M. F. 24 octobre et 11 décembre 1879 et 20 novembre 1880.)

3. Fait-il sa caisse chaque jour et constate-t-il sur un carnet ou cahier spécial, le détail par nature des valeurs existant matériellement en caisse et en portefeuille ? (I. G. 1506.)

Pour s'assurer que la caisse est faite tous les jours où il y a des opérations, il convient de vérifier avec les mandats communaux, si la date de l'acquit concorde avec celle des écritures. De plus le Receveur des finances doit à chaque versement du comptable se faire représenter le carnet de caisse et voir si tous les jours où des pièces de dépenses ont été acquittées, les résultats de la vérification de la caisse sont consignés sur le carnet.

4. Le comptable se conforme-t-il à l'obligation de n'avoir qu'une seule caisse pour tous les services dont il a la gestion ? (I. G. 1270.)

5. Les précautions de sûreté sont-elles convenablement prises ? (I. G. 1271.)

**Elles consistent à faire coucher un homme sûr dans le lieu où les fonds sont déposés et à en faire griller les fenêtres, s'il est situé au rez-de-chaussée. (C. P. 25 août 1864, § 6.)**

6. Les situations journalières de caisse sont-elles régulièrement transmises à la recette des finances ? (C. P. 24 août 1878, § 1er.)

7. Le contrôle de ces situations avec le livre récapitulatif et le carnet de caisse n'a-t-il fait relever aucune différence ?

8. Le Percepteur a-t-il présenté sans retard aux maires les rôles pour les faire publier (I. G. 53), et leur a-t-il fait les recommandations prescrites par la C. P. du 11 décembre 1875, § 2 ?

9. La publication a-t-elle été faite le dimanche qui a suivi l'arrivée des rôles dans la commune et

mention certifiée de cette publication est-elle inscrite au bas des rôles ? (I. G. 53.)

**10.** L'état indiquant la date de la publication a-t-il été transmis sans retard à la recette des finances ? (I. G. 53.)

**11.** Le Percepteur énonce-t-il sur les avertissements la date de la publication des rôles, ainsi que le lieu, le jour et l'heure où son bureau est ouvert aux contribuables ? (I. G. 71.)

**12.** Annote-t-il à l'article principal du rôle toutes les sommes dues par un même contribuable ? (C. P. 26 juin 1866, § 1$^{er}$.)

**13.** Émarge-t-il sur les rôles, en présence des contribuables et en toutes lettres, les sommes enregistrées au journal à souche ? (I. G. 74.)

**14.** Le pointage des émargements n'a-t-il donné lieu à aucune observation ? (C. P. 24 août 1878, § 4.)

**15.** Les rôles n'ont-ils subi d'autres modifications que celles autorisées par le préfet du département ? (I. G. 55 et C. P. 24 août 1878, § 4.)

**Vérifier avec soin au moyen des rôles des années précédentes, si les versements effectués dans l'année par les forts contribuables ne présentent pas de différences sensibles quant à leur montant et à leur date. Vérifier également si les versements correspondent aux divers modes de libération adoptés par les contribuables et qui sont générale-**

ment : en juin, la totalité ; en mars et en septembre, par moitié ; en mars, juin et septembre, par tiers ; en février, mai, août et novembre, par quart.

**16.** La vérification avec les rôles des états des restes à recouvrer au 28 février n'a-t-elle fait ressortir aucune différence ? (I. G. 1510.)

**17.** Les différences en moins ont-elles été versées par le comptable et en a-t-il justifié par la production de sa quittance à souche ? (I. G. 1510.)

**18.** Les différences en plus ont-elles été appliquées aux excédents de versements sur contributions ? (I. G. 1510.)

**19.** A quelle date le comptable a-t-il fait le versement de ces excédents à la recette des finances ?

**Demander des explications sur les restes à recouvrer qui paraîtraient exagérés, et dans le cas où elles ne seraient pas satisfaisantes, prendre (avec circonspection) les renseignements nécessaires pour s'assurer de la réalité de ces restes à recouvrer.**

**20.** A l'arrivée des ordonnances de décharge, le comptable en inscrit-il le montant à l'article de chaque contribuable, sur le rôle de l'exercice pour lequel elles ont été émises, ainsi que sur le carnet des ordonnances prescrit par l'article 1447 de l'I. G. ? (I. G. 208.)

**21.** Les excédents de versements résultant de l'application des ordonnances aux articles des contribuables dégrevés ont-ils été régulièrement employés? (I. G. 209 et C. P. 24 août 1878, § 3.)

**22.** Les ordonnances concernant des cotes d'abord jugées irrecouvrables et sur lesquelles des versements auraient été obtenus n'ont-elles été émargées que pour la somme restant à recouvrer? (I. G. 215 et C. P. 24 août 1878, § 3.)

**23.** Le carnet des ordonnances de décharge est-il communiqué au Receveur des finances chaque fois que des ordonnances sont versées par le comptable? (I. G. 216.)

**24.** Le comptable prévient-il les contribuables d'avoir à se présenter pour toucher les excédents leur revenant? (C. P. 10 novembre 1864, § 2.)

**25.** Fait-il constater pour duplicata le remboursement des excédents, par l'apposition de la signature des contribuables dans la colonne 26 du carnet des ordonnances? (I. G. 212.)

**26.** A-t-il conservé au moins pendant trois ans les minutes des états de non-valeurs et des cotes indûment imposées présentés par lui, et annoté les admissions en dégrèvements ainsi que les rejets? (I. G. 135.)

**A l'égard des redevances des mines, taxes des biens de mainmorte, droits de vérification des poids et mesures, droits de visite des pharmacies, contribution sur les chevaux et les voitures, taxe sur les**

billards et taxes sur les cercles, procéder comme pour les contributions directes et faire connaître les résultats de la vérification, ainsi que la situation des recouvrements. Ne pas perdre de vue toutefois que les droits de vérification des poids et mesures sont exigibles dans la quinzaine de la publication des rôles et que le percepteur doit adresser aux redevables un avis conforme au modèle n° 67 de l'I. G., lequel tient lieu de sommation sans frais. (I. G. 264.)

## Mutations.

**27.** Le Percepteur tient-il pour chaque commune le cahier de notes (modèle n° 1) et y inscrit-il tous les renseignements parvenus à sa connaissance sur les changements à opérer dans les rôles ? (I. G. 27.)

**28.** Adresse-t-il au Receveur des finances, pour être transmis au directeur des contributions directes, un extrait de ce cahier dans les premiers jours de chaque trimestre ? (I. G. 27.)

**29.** Fait-il chaque année deux tournées spéciales pour la réception des déclarations de mutations foncières et la rédaction des feuilles de mutation ? (I. G. 31.)

**30.** Assiste-t-il avec exactitude à l'assemblée des répartiteurs, lors de la tournée générale, et y apporte-t-il ses rôles de l'année courante, ainsi que ses cahiers de notes, pour faciliter le travail des mutations? (I. G. 42.)

**31.** Le travail des mutations est-il exécuté avec soin et le rapport de l'administration des contributions directes est-il satisfaisant? (I. G. 45.)

**32.** A-t-il rédigé et transmis avant le **15** février les états-matrices des personnes imposables à la taxe municipale sur les chiens? (I. G. 906.)

## Caisses d'assurances en cas de décès et en cas d'accidents.

**33.** Le comptable ne se borne-t-il pas à recueillir les demandes formulées ou les versements offerts par les intéressés et profite-t-il de ses fréquentes relations avec les contribuables pour les éclairer sur les avantages que présentent ces nouvelles institutions de prévoyance? (C. P. 31 mars 1870.)

**34.** S'est-il livré à une étude approfondie de l'instruction, afin de pouvoir fournir les renseignements qui lui seraient demandés? (C. P. 28 décembre 1868, § 2.)

**35.** Délivre-t-il des quittances à souche individuelles pour les primes accompagnées de propositions d'assurances et le numéro de la quittance est-il relaté au bas de la proposition d'assurance? (C. P. 28 décembre 1868, § 3.)

**36.** Lors de la remise des livrets-police, les quittances sont-elles retirées des mains des parties, signées pour décharge au verso et transmises au Receveur des finances ? (C. P. 28 décembre 1868, § 3.)

**37.** Les versements de primes autres que la première sont-ils inscrits sur le livret-police et le comptable en fait-il recette collectivement en fin de journée ? (C. P. 28 décembre 1868, § 3.)

**38.** Les recettes sont-elles constatées dans la comptabilité au moyen de deux comptes ouverts à la 3ᵉ section du livre des comptes divers ? (C. P. 28 décembre 1868, § 5.)

**39.** Le comptable comprend-il, dans son plus prochain versement à la recette des finances, les sommes encaissées par lui et fournit-il un bordereau en double expédition ? (Instruction de la Caisse des dépôts du 1ᵉʳ décembre 1868, art. 66 et 160.)

**40.** Les propositions d'assurance et les pièces à l'appui sont-elles adressées au Receveur des finances le jour même de leur réception ? (Circulaire de la Caisse des dépôts du 5 mars 1870, § 5.)

**41.** Les affiches envoyées par la Caisse des dépôts et destinées à renseigner le public sur les avantages offerts par les caisses d'assurances sont-elles apposées dans le bureau du comptable, en vue du public ? (Circulaires de la Caisse des dépôts des 1ᵉʳ octobre 1869 et 15 avril 1873.)

## Caisses d'épargne.

**42.** Le comptable est-il autorisé à concourir au service des caisses d'épargne ? (C. P. 25 août 1875, § 2.)

**43.** Délivre-t-il pour chaque versement une quittance extraite du journal à souche spécial, et s'abstient-il d'inscrire aucune somme sur les livrets ? (C. P. 25 août 1875, § 5.)

**44.** Les recettes sont-elles totalisées en fin de journée et portées collectivement en recette au journal à souche ordinaire et au compte spécial à ouvrir à la 3ᵉ section du livre des comptes divers ? (C. P. 25 août 1875, § 7.)

**45.** Le comptable adresse t-il à la recette des finances le jeudi soir : 1° les quittances collectives extraites du journal à souche ordinaire ; 2° le bordereau nominatif en double expédition, distinct par nature de versements (nouveaux ou postérieurs) ; 3° les demandes de livrets ou les livrets eux-mêmes, suivant le cas ; 4° les demandes de remboursement et les livrets déposés à l'appui ; 5° les bordereaux nominatifs des demandes de remboursement en double expédition ? (C. P. 25 août 1875, §§ 7 et 13.)

**46.** A l'égard des caisses d'épargne autres que celle du chef-lieu d'arrondissement, le comptable remet-il exactement au caissier de la caisse d'épargne de sa résidence toutes les pièces qui lui sont transmises à cet effet ? (C. P. 25 août 1875, § 10.)

**47.** A l'expiration du délai d'un mois fixé pour la remise des livrets aux parties, le comptable a-t-il transmis à la recette des finances les quittances rendues par les déposants, ainsi que les livrets non retirés par les intéressés ? (C. P. 25 août 1875, §§ 11 et 12.)

**48.** Les remboursements sont-ils inscrits sur les livrets par le caissier de la caisse d'épargne et le paiement constaté par l'apposition en dessous de la signature et du timbre **Payé** du comptable ? (C. P. 25 août 1875, § 15.)

## Locations verbales.

**49.** Le comptable est-il pourvu de formules de déclarations ? (C. P. 19 septembre 1871, § 2.)

**50.** En remet-il aux parties qui en font la demande, et au besoin provoque-t-il les déclarations ? (C. P. 19 septembre 1871, § 2, et 4 mars 1881, § 5.)

**51.** Les recettes figurent-elles dans les écritures, à un compte ouvert à la 3ᵉ section du livre des comptes divers ? (C. P. 19 septembre 1871, § 4.)

**52.** Les versements aux Receveurs des finances sont-ils accompagnés d'un état détaillé auquel sont jointes les déclarations reçues ? (C. P. 19 septembre 1871, § 4.)

## Retenues pour pensions civiles.

**53**. Le comptable se charge-t-il en recette des retenues pour pensions civiles sur ses remises municipales le jour où ces dernières sont portées en dépense ? (I. G. 346.)

## Contraintes extérieures.

**54**. Les recouvrements à effectuer en vertu de contraintes extérieures sont-ils faits sans retard ? (C. P. 7 mai 1862, § 2.)

**55**. Le comptable décerne-t-il des contraintes extérieures contre les contribuables qui ont quitté la perception, aussitôt que leur départ et leur nouvelle résidence sont connus ? (C. P. 7 mai 1862, § 2.)

**56**. Les contraintes concernant les cotes foncières sont-elles toujours appuyées du certificat constatant que le débiteur n'a ni représentant, ni fermier, ni locataire ? (Lettres de **M.** le Directeur général de la comptabilité publique des 9 avril 1876 et 28 septembre 1878. Voir *Journal des Percepteurs*, année 1879, page 291.)

**57**. Celles comprenant des taxes assimilées aux contributions directes pour les poursuites, pour une somme supérieure- au montant de la cote pour contributions, sont-elles visées par les maires ? (I. G. 888, § 6, et C. P. 15 décembre 1864, § 2.)

## Recouvrement des contributions.

Faire connaître la situation des recouvrements par rapport aux douzièmes échus et à la situation de l'année précédente à pareille époque. Si elle ne paraît pas satisfaisante, demander des explications, avec la liste des plus imposés en retard (I. G. modèle n° 264), et dresser au besoin une contrainte d'office. (I. G. 1300 et C. P. 24 août 1878, § 4.)

Faire connaître également le montant des restes à recouvrer sur les deux derniers exercices.

## Poursuites pour contributions.

58. Les poursuites sont-elles exercées collectivement pour les contributions directes et pour les taxes communales assimilées ? (C. P. 26 janvier 1863, § 2, et 15 décembre 1864, § 2.)

59. Dans le cas où le montant des taxes communales assimilées est supérieur à celui des contributions directes, a-t-on soin de demander l'autorisation du maire ? (C. P. 15 décembre 1864, § 4, et I. G. 888, § 6.)

60. Le calcul des douzièmes pour lesquels les contribuables sont poursuivis est-il exactement fait ?

61. La date de la sommation sans frais est-elle indiquée sur les rôles ? (I. G. 98.)

**62.** Les frais de poursuites sont-ils annotés sur les rôles à la cote des contribuables poursuivis, et les paiements faits par ces derniers sont-ils émargés sur les états ? (I. G. 583.)

**63.** En ce qui concerne les cotes supérieures à 100 fr., le comptable consigne-t-il, dans la colonne d'observations de l'état de paiement des frais, les mentions de formation du montant des cotes ou de libération dans le délai de 4 jours, lorsque le droit d'enregistrement n'a pas été perçu ? (C. P. 15 novembre 1869, § 1ᵉʳ.)

**Faire connaître :** 1° par degré de poursuites, le montant des frais faits depuis le 1ᵉʳ janvier, ainsi que le nombre d'actes ; 2° la proportion des frais avec les recouvrements effectués, et 3° la situation par rapport à l'année précédente.

S'expliquer sur la manière dont les poursuites sont exercées et indiquer notamment si, avant d'y avoir recours, le comptable n'a rien négligé pour amener les débiteurs à se libérer. (Envoi d'avis officieux, démarches personnelles, etc.) (I. G. 98.)

## Amendes et condamnations pécuniaires.

**64.** Le comptable tient-il le carnet de prise en charge des extraits provisoires et y enregistre-t-il, dès leur réception, les extraits qui lui sont transmis par le Receveur des finances ? (I. A. 19.)

**65.** En cas de non-paiement dans le délai d'un mois, adresse-t-il régulièrement, au Receveur des finances, l'état des retardataires ? (I. A. 22 et C. P. 22 décembre 1879, § 1ᵉʳ, alinéa 11.)

**66.** Le comptable tient-il le carnet de prise en charge des extraits de jugements et y consigne-t-il, dès leur réception, les extraits qui lui sont transmis ? (I. A. 27.)

**67.** Adresse-t-il aux condamnés un avertissement d'avoir à payer à sa caisse les sommes dont ils sont redevables, et la date d'envoi de cet avertissement est-elle mentionnée sur le carnet de prise en charge ? ( I. A. 27.)

**68.** Les demandes de renseignements sont-elles faites ou renvoyées sans retard ? (I. A. 42.)

**69.** Le comptable a-t-il, de concert avec l'agent forestier désigné par l'inspecteur, dressé des états par commune de tous les condamnés pour délits forestiers qui sont reconnus insolvables, et ces états ont-ils été revisés ou complétés pendant les mois de janvier et de juillet de chaque année? (I. A. 100.)

**70.** A-t-il représenté l'expédition qu'il doit conserver ? (I. A. 100.)

**71.** Adresse-t-il tous les trois mois, au Receveur des finances, l'état (modèle n° 18) des poursuites exercées contre les condamnés insolvables désignés pour être incarcérés ? (I. A. 103.)

**72.** Les transactions forestières sont-elles, dès leur réception, inscrites sur un carnet spécial? (C. P. 14 avril 1877, § 5.)

**73.** Le comptable renvoie-t-il régulièrement, à l'expiration du délai accordé pour le paiement, la 2ᵉ partie du bulletin de transaction, avec indication que le délinquant s'est ou non libéré des sommes mises à sa charge? (I. A. 113 et C. P. 14 avril 1877, § 6.)

**74.** Se conforme-t-il aux prescriptions des articles 135 à 148 de l'I. A. en ce qui concerne les amendes de presse?

**75.** Toute la correspondance relative au service des amendes est-elle faite par l'entremise du Receveur des finances? (I. A. 421.)

**76.** Le comptable délivre-t-il immédiatement une quittance à souche pour les sommes qui lui sont versées? (I. A. 423.)

**77.** Facilite-t-il la libération des redevables en divisant la créance du Trésor en acomptes payables à des époques convenues avec le débiteur? (I. A. 424.)

**78.** Décerne-t-il des contraintes extérieures contre les condamnés domiciliés dans des communes étrangères à sa perception? (I. A. 161.)

**79.** Se conforme-t-il aux prescriptions des circulaires des 17 et 24 novembre 1880 pour les sommes à prélever sur le pécule des condamnés détenus dans les maisons centrales?

**80.** A l'égard des condamnés jouissant d'une pension militaire ou autre, le comptable a-t-il informé le Trésorier général, afin d'obtenir le prélèvement des sommes dues? (I. A. 427.)

**81.** Les acomptes sont-ils imputés sur le carnet, modèle n° 54, dans l'ordre inverse des colonnes, c'est-à-dire en commençant par la colonne 19 et en finissant par les colonnes 8 et 9, sauf, pour ces deux dernières, à faire l'imputation proportionnellement au principal et aux décimes? (I. A. 428.)

**Il y a lieu de faire exception à cette règle à l'égard des amendes qui seraient sur le point d'être atteintes par la prescription, afin d'éviter les poursuites qui deviendraient nécessaires pour empêcher la prescription; le comptable devrait tout d'abord appliquer l'acompte à l'amende et aux décimes.**

**82.** Les recouvrements sont-ils portés sur le carnet, modèle n° 54, et les articles émargés sur le carnet de prise en charge? (I. A. 430.)

**83.** Le comptable a-t-il ouvert, à la 2ᵉ section du livre des comptes divers, un compte intitulé : *Produit des amendes et condamnations pécuniaires,* et y reporte-t-il régulièrement : 1° comme titres de perception, le montant des extraits qui lui sont transmis ; 2° comme recettes, le montant par journée des recouvrements opérés, et 3° comme dépenses, le montant de ses versements à la recette des finances ? (I. A. 431 et C. P. 7 mars 1880, § 4.)

**84.** Ce compte est-il tenu par exercice ? (I. A. 439.)

**85.** Le comptable joint-il, à l'appui de ses versements, un bordereau détaillé, modèle n° 55 ? (I. A. 432.)

**86.** Les états des restes à recouvrer ont-ils été produits aussitôt après la clôture de l'exercice, et le comptable s'est-il conformé, pour leur établissement et les justifications à produire, aux prescriptions de l'I. A. 440 ; C. P. 14 avril 1877, § 8, et C. P. 17 juin 1878, § 7 ?

**87.** Quelle est la situation des recouvrements ?

**Faire connaître le nombre et le montant des articles pris en charge, ainsi que le nombre et le montant de ceux recouvrés. Indiquer la proportion pour cent des recouvrements, tant pour les sommes que pour les articles et s'expliquer sur la situation.**

**Faire connaître également la situation de l'année précédente à pareille époque.**

## Surséances.

**88.** Les sommiers des surséances sont-ils bien tenus ?

**89.** Sont-ils communiqués à la recette des finances lorsqu'un article est recouvré ? (I. A. 452.)

**90.** Le comptable s'assure-t-il à certaines époques de la situation des débiteurs, notamment avant la prescription des sommes dues au Trésor ? (C. P. 17 juin 1878, § 7.)

**91.** A-t-il adressé au Receveur des finances, le 31 janvier, l'état des condamnations sur le point d'être atteintes par la prescription et celui des inscriptions hypothécaires dont le renouvellement est devenu nécessaire ? (C. P. 17 juin 1878, § 7.)

**92.** A-t-il pris charge, à son sommier des surséances, du montant des contraintes qui lui ont été transmises pour condamnations prononcées contre des individus nés dans sa perception, et qui ont été retournées impayées ? (C. P. 17 novembre 1879, § 3.)

**93.** Quel est le nombre et le montant des articles admis en surséances recouvrés pendant l'année ?

S'expliquer sur cette situation.

## Poursuites pour amendes.

**94.** Les poursuites sont-elles exercées, toutes les fois que c'est possible, par les porteurs de contraintes ? (I. A. 151.)

**95.** Le comptable a-t-il transmis au Receveur des finances, dans les mois de janvier, avril, juillet et octobre, l'état des condamnés insolvables (modèle n° 29) contre lesquels la contrainte par corps peut être exercée ? (I. A. 207.)

**96.** Les inscriptions hypothécaires sont-elles (lorsqu'il y a lieu) requises dans les deux mois à dater du jour du jugement et renouvelées en temps opportun ? (I. A. 260, 273 et 274.)

**97.** A combien s'élèvent les frais de poursuites faits depuis le 1er janvier ?

**Donner le détail par nature de poursuites et indiquer si les frais concernent les exercices en cours ou les surséances.**

**Faire connaître la proportion pour cent des frais avec les recouvrements ; la comparaison avec l'année précédente à pareille époque et s'expliquer sur les différences.**

## Paiement des dépenses pour le compte du Trésorier général.

**97** *bis*. Le comptable enregistre-t-il sur un carnet spécial les pièces de dépenses acquittées par lui ? (C. P. 23 avril 1881, § 7.)

**98.** Les mandats, quittances de rentes visées, coupons de rentes au porteur et mixtes, sont-ils acquittés sans retard et immédiatement revêtus du timbre **Payé** apposé à l'encre grasse ? (I. G. 661 et C. P. 25 mars 1865.)

99. La date de l'acquit est-elle toujours, autant que possible, mise par la partie prenante ? (C. P. 1er février 1867, § 5.)

100. Le comptable, lorsqu'il va en tournée, emporte-t-il les fonds nécessaires pour effectuer tous les paiements ? (C. P. 22 septembre 1877, § 3.)

101. Les paiements sont-ils faits avec les seules ressources du Trésor, et dans le cas d'insuffisance, le comptable a-t-il soin de demander des fonds de subvention ? (I. G. 1377.)

## Service municipal et hospitalier.
### Budgets.

102. Les budgets des communes et des établissements de bienfaisance ont-ils été remis au comptable avant l'ouverture de l'exercice ? (I. G. 815.)

103. Dans le cas contraire, s'est-il basé sur les budgets de l'année précédente pour effectuer les recettes et les dépenses ordinaires de l'exercice courant? (I. G. 816.)

## Recouvrement et conservation des revenus.

**104.** Le comptable a-t-il entre les mains les titres et pièces concernant les recettes à faire, tels que : contrats de vente, donations entre vifs ou testamentaires, avec les ordonnances qui en autorisent l'acceptation, baux authentiques ou administratifs des biens, ordonnances relatives à des aliénations, procès-verbaux d'adjudication, etc., etc. ? (I. G. 822.)

**105.** Ces titres sont-ils accompagnés d'une note en résumant la teneur ? (I. G. 1, 503, modèle n° 304.)

**106.** Parviennent-ils toujours au comptable par la voic hiérarchique, et, dans le cas contraire, en fait-il le renvoi ? (I. G. 1289. C. P. 20 juillet 1863 et 24 août 1878, § 6.)

**107.** Dans le cas de remboursement de rentes sur particuliers, le comptable a-t-il soin d'attendre que le double de la demande de remboursement lui soit remis par le Receveur des finances ? (I. G. 953.)

**108.** Les adjudicataires ou acquéreurs de biens communaux, meubles ou immeubles, qui se libèrent par anticipation effectuent-ils leurs versements à la recette des finances ? (I. G. 954.)

**109.** Le comptable a-t-il fait le remploi en rentes des capitaux remboursés et des dons ou legs soumis à cette condition ? (I. G. 861.)

**110.** Informe-t-il immédiatement le Receveur des finances des recouvrements effectués, sans titre de perception, pour des recettes accidentelles et variables, comme les dons, aumônes, quêtes, collectes, journées de malades dans les hôpitaux, etc., etc.? (C. P. 15 novembre 1861, § 4.)

**111.** N'a-t-il laissé périmer aucun titre ni aucune inscription hypothécaire? (I. G. 849.)

**112.** Exerce-t-il une surveillance sur les divers domaines et propriétés appartenant aux communes et aux établissements de bienfaisance qui lui sont confiés? (I. G. 849.)

**113.** Assiste-t-il aux adjudications qui sont faites pour les communes ou les établissements hospitaliers, et le cahier des charges lui est-il préalablement communiqué? (I. G. 849 et 855.)

**Le Receveur des finances peut s'assurer de l'accomplissement de cette obligation, en vérifiant si sur les titres le comptable figure comme ayant assisté à l'adjudication.**

**114.** Les cautionnements des adjudicataires sont-ils réalisés à la diligence du Receveur? (I. G. 1026-1027-1104 et 1480.)

**115.** Les émargements des sommes payées sont-ils faits sur les titres de recette? (I. G. 842.)

**116.** Le comptable tient-il le carnet des titres de perception du service municipal et des dépenses à payer en plusieurs années? (I. G. 1503, modèle n° 303.)

**117.** Les poursuites ont-elles été faites en temps utile et conformément aux instructions ? (I. G. 850-851-852-868 et 1064.)

**118.** Dans le cas de saisie, le comptable en a-t-il informé le maire avant de passer à la vente ? (I. G. 850.)

**119.** Le comptable fait-il régulièrement, à la fin de chaque mois, l'application au compte : Avances pour frais de poursuites pour revenus communaux, des recouvrements effectués pendant le mois ? (I. G. 1475.)

**120.** Fait-il exclusivement tous les recouvrements se rattachant aux différents services qui lui sont confiés, et peut-il affirmer qu'il n'existe à sa connaissance aucun revenu dissimulé aux budgets des communes et des établissements hospitaliers, ni aucune comptabilité occulte pour ces établissements ? (I. G. 812.)

**121.** A-t-il fait le versement matériel, dans sa caisse, des sommes mises à sa charge par les arrêtés définitifs de ses comptes de gestion ? (I. G. 1557.)

**122.** Tient-il le carnet des ordonnances de décharge et des excédents de versements sur produits communaux ? (I. G. 1449, modèle n° 296.)

**123.** A-t-il fait recette, au compte de la commune

des excédents de versements non remboursés à la fin de la seconde année de l'exercice ? (I. G. 1105.)

**124.** A-t-il à faire des recouvrements pour le compte d'établissements de bienfaisance étrangers à sa perception, et dans ce cas, tient-il le carnet, modèle n° 302 ? (I. G. 1059 à 1063.)

**125.** Existe-t-il des recouvrements à faire, dans des communes éloignées, pour le compte des établissements de bienfaisance, et sont-ils confiés aux percepteurs des contributions directes ? (I. G. 1059.)

**Faire connaître la situation des produits communaux, et à cet égard, établir, ou faire établir, un état présentant pour les principaux produits : le montant des titres, celui des recouvrements et celui des restes à recouvrer. S'expliquer sur cette situation.**

**Cette branche du service est certainement la plus importante, et l'attention des Receveurs des finances ne saurait trop être appelée sur la lourde responsabilité qu'elle leur impose. Ils doivent donc (et notamment lors de leur installation) s'assurer : 1° que tous les titres de recette consignés sur leur carnet d'échéance sont bien portés sur le carnet du percepteur, modèle n° 303, ainsi que sur les bordereaux détaillés ; 2° que le comptable a en mains les titres de perception pour toutes les recettes à faire ; 3° qu'aucun de ces titres n'a plus de**

**trente ans** de date (le renouvellement peut être **demandé** et poursuivi à partir de la vingt-huitième année, art. 2263 du Code civil) ; 4° que les actes portant aliénation d'immeubles dont le prix n'a pas été payé comptant ont été transcrits au bureau des hypothèques ; 5° que les inscriptions hypothécaires ont été renouvelées avant l'expiration de la dixième année ; 6° que tous les capitaux exigibles sont recouvrés (dans le cas contraire, ils devraient se faire représenter la délibération du conseil municipal ajournant l'échéance) ; 7° que les sommes non émargées sur les titres de recettes représentent bien le montant des restes à recouvrer d'après les bordereaux détaillés et les comptes de gestion.

Ils doivent en outre : 1° demander la cause des différences qui existeraient entre le montant des prévisions budgétaires et celui des créances à recouvrer ; 2° tenir la main à ce que le paiement avant l'échéance des prix de vente de meubles ou immeubles ne soit fait qu'à la recette des finances ; 3° surveiller d'une manière particulière la rentrée des droits perçus par voie de régie simple, et se renseigner auprès de MM. les maires, si les versements ne paraissent pas faits régulièrement ; 4° demander des explications sur les retards dans le recouvrement des produits échus, et notamment dans le cas où il n'aurait pas été fait de poursuites ;

5° prendre avec circonspection les renseignements nécessaires pour s'assurer de la réalité des restes à recouvrer et du non-remboursement des capitaux de rentes sur particuliers; 6° enfin, tenir avec le plus grand soin le carnet d'échéance des produits communaux, y reporter, d'une année à l'autre, les titres non apurés et, sous aucun prétexte, ne permettre au comptable de conserver des titres ne lui parvenant pas par la voie hiérarchique. (C. P. 24 août 1878, § 6.)

## Octroi.

**126.** Comment l'octroi est-il perçu?

**127.** S'il est perçu par abonnement avec la régie des contributions indirectes ou par voie de régie simple, à quelles époques les préposés aux portes et barrières font-ils leurs versements à la caisse municipale?

**128.** Le comptable tient-il, dans ce cas, le livre de détail spécial des recettes et des dépenses de l'octroi? (I. G. 1461.)

Donner son avis sur les dates des versements et en faire ressortir les avantages ou les inconvénients, et dans ce dernier cas indiquer les mesures prises pour y remédier.

**129.** Si l'octroi est en régie intéressée ou en

ferme, les versements de l'adjudicataire sont-ils faits de mois en mois et d'avance? (I. G. 920.)

**130.** Le fermier a-t-il fourni son cautionnement? (I. G. 918 et 924.)

**131.** Les remises revenant aux préposés de l'octroi pour la perception des droits d'entrée sont-elles versées à la caisse municipale et le comptable en passe-t-il écriture? (I. G. 923 et 1464.)

### Emprunts.

**132.** Le Receveur des finances est-il toujours informé de toutes les conditions de l'emprunt? (C. P. 25 août 1879, § 2.)

**133.** Pour les emprunts par voie de souscription publique, le comptable se conforme-t-il aux prescriptions des §§ 3 à 11 de la C. P. du 25 août 1879, concernant la souscription, la liquidation, la délivrance des titres, le versement des termes, le compte d'emploi des formules imprimées et la comptabilité des titres?

**134. Paiement des intérêts.** — Les états d'émargements sont-ils tenus? (C. P. 25 août 1879, § 22.)

**135.** Les coupons présentés au paiement sont-ils récapitulés sur des bordereaux, classés par ordre numérique, revêtus du timbre **Payé** et émargés sur les états? (C. P. 25 août 1879, §§ 24 et 25.)

**136.** Le paiement des intérêts d'obligations non

munies de coupons est-il constaté au verso des titres, par l'apposition d'un timbre-estampille ? (C. P. 25 août 1879, § 27.)

**137.** Les sommes payées sont-elles, jusqu'à leur ordonnancement par le maire, portées au compte : **Avances pour intérêts d'emprunts ?** [Ce compte est classé parmi les valeurs de caisse et de portefeuille.] (C. P. 25 août 1879, § 28.)

**138. Remboursement des obligations.** — Une marche analogue à celle ci-dessus, est-elle suivie pour le remboursement des obligations ? (C. P. 25 août 1879, § 35.)

**139.** Toutes les obligations remboursées sont-elles : quittancées par les parties prenantes, revêtues du timbre **Payé** et munies de tous les coupons non exigibles à l'époque fixée pour l'amortissement ? (C. P. 25 août 1879, §§ 35 et 38.)

**140. Droits à payer au Trésor.** — Le comptable se conforme-t-il aux prescriptions des §§ 39 à 45 de la C. P. du 25 août 1879, pour le paiement des droits revenant au Trésor, le recouvrement de ces droits sur les obligataires et les écritures à passer dans sa comptabilité ?

**La circulaire du 25 août 1879 traite tout spécialement des emprunts des communes et des établissements. MM. les Receveurs des finances, étant chargés de surveiller la mise à exécution des dis-**

positions (pour la plupart nouvelles) qu'elle renferme, doivent donc les étudier d'une manière particulière.

## Paiement des dépenses des communes et des établissements de bienfaisance.

**141.** Tous les paiements sont-ils effectués sans retard ?

**142.** Sont-ils renfermés dans les limites des crédits ouverts par les budgets et les autorisations spéciales ? (I. G. 986. C. P. 24 août 1878, § 9.)

**143.** Ne sont-ils effectués que sur mandats délivrés par les maires, appuyés des justifications prescrites par les instructions ? (I. G. 998.)

**144.** Celles de ces pièces qui doivent être timbrées le sont-elles ?

**145.** A combien s'élèvent les dépenses acquittées par le comptable ?

**Ce chiffre doit représenter le total de la colonne des dépenses, sur le bordereau sommaire au 31 décembre, cadre n° 1.**

**146.** Le comptable enregistre-t-il sur un carnet spécial les oppositions au paiement des mandats communaux ? (I. G. 1007.)

**147.** A quelle époque sont payées les contributions dues par les communes ?

**148**. Les pièces justificatives de l'emploi des sommes avancées pour travaux en régie sont-elles remises dans le délai maximum d'un mois ? (I. G. 993.)

**149**. Le comptable a-t-il fait simultanément emploi, en recette et en dépense, de l'état des prestations exécutées en nature ? (C. P. 24 août 1878, § 7.)

**Pointer tous les mandats avec le livre des comptes divers et vérifier les additions de ce livre. S'assurer : 1° que le comptable ne possède pas de mandats en blanc, signés par les maires [point très important] (C. P. 24 août 1878, § 9); 2° que les mandats sont bien appuyés des pièces justificatives prescrites par les instructions, et que ces dernières n'ont subi aucune modification non approuvée par de nouvelles signatures ; 3° que les paiements n'excèdent pas les crédits ouverts. (L'absence ou l'insuffisance de crédits pouvant provenir de faux mandats.)**

## Avances à divers titres.

**150**. Le comptable se conforme-t-il aux instructions, pour les avances qu'il est dans le cas de faire, soit pour le service de l'économat de l'hospice, soit pour les frais de poursuites ou de procédures diverses, soit pour le service des voyageurs indigents, etc., etc. ? (I. G. 1495 à 1499.)

## Écritures.

### JOURNAL A SOUCHE.

**151.** Ce journal est-il tenu suivant le modèle n° 294? (I. G. 1445.)

**152.** Est-il coté et paraphé par le maire ou son adjoint? (I. G. 1445.)

**153.** Présente-t-il exactement, dans les colonnes des contributions directes, les sommes perçues à ce titre et, dans les colonnes des produits divers, les produits de diverses natures dont le recouvrement est confié au comptable? (I. G. 1446.)

**154.** L'enregistrement des sommes versées est-il toujours fait en présence des parties versantes, et la souche constate-t-elle distinctement : le numéro d'ordre d'enregistrement, le nom des communes ou des établissements, la date de la recette, le nom du redevable, l'article du rôle ou du budget auquel la recette se rapporte, et enfin la désignation du produit et de l'exercice sur lequel il est recouvré? (I. G. 1445. I. A. 423.)

**155.** Les quittances attenantes au journal à souche ne sont-elles pas signées à l'avance? (I. G. 1446.)

**156.** Le journal à souche est-il additionné par journée et les totaux des journées antérieures sont-ils reportés au-dessous de ceux de chaque journée, de manière à reproduire des totaux conformes aux résultats du livre récapitulatif ? (I. G. 1452.)

**157.** Les erreurs sont-elles rectifiées par déduction et augmentation, et le journal à souche ne présente-t-il pas de surcharges ou ratures ? (I. G. 1452.)

**158.** Les journaux à souche sont-ils adressés au Receveur des finances pour être vérifiés dès qu'ils sont remplis ? (I. G. 1286 et C. P. 24 août 1878, § 2.)

**159.** Ceux vérifiés ont-ils donné lieu à des observations et, dans l'affirmative, le comptable en a-t-il tenu bon compte ?

**La vérification des journaux à souche doit porter principalement sur les additions et les reports d'une page à une autre, ainsi que sur les reports des journées antérieures.**

**S'expliquer sur la manière dont le journal à souche est tenu.**

### LIVRES DE DÉTAIL.

**160.** Le comptable a-t-il monté, par commune, des livres de détail des recettes et des dépenses effectuées en exécution des budgets des communes et des établissements publics ? (I. G. 1457 et C. P. 24 août 1878, § 11.)

**161.** Ces livres sont-ils tenus de manière à remplir leur objet ? (I. G. 1457.)

**162.** Le comptable y reporte-t-il chaque jour, et

en détail, les opérations de recettes et de dépenses effectuées pour le compte des communes et des établissements ? (I. G. 1459.)

**Pour s'assurer que les reports sont exactement faits à chaque commune et à chaque article du budget, il convient de faire, pour plusieurs journées, le dépouillement des opérations constatées au journal à souche et le pointage avec les mandats portés en dépense. Ce dépouillement et ce pointage serviront aussi à contrôler la régularité des reports au livre des comptes divers et au livre récapitulatif.**

**163.** Le comptable a-t-il également établi, par commune, le livre de détail spécial des recettes et des dépenses concernant les chemins vicinaux ? (I. G. 1467.)

**Indiquer si ces livres sont bien tenus.**

LIVRE DES COMPTES DIVERS.

**164.** Ce livre est-il coté et paraphé par le maire ou son adjoint ? (I. G. 1471.)

**165.** Les feuilles employées pour le service des communes et des établissements de bienfaisance sont-elles timbrées ? (I. G. 1470.)

**166.** Le comptable se conforme-t-il, pour les comptes à ouvrir, aux prescriptions de l'instruction générale, art. 1471 ?

**167.** Fait-il chaque jour, et à chaque compte, le

report des recettes et des dépenses le concernant?
(I. G. 1472-1473.)

**168**. Les sommes enregistrées dans les colonnes de recettes et de dépenses sont-elles réunies à la fin de chaque journée, dans la colonne des totaux, au moyen d'une accolade, et les diverses colonnes de chacun des comptes ouverts dans les trois premières sections du livre sont-elles additionnées à la fin de chaque mois ? (I. G. 1501.)

**Vérifier avec soin les additions du livre, et si le comptable a fait exactement le rapport au compte de chaque commune ou établissement, de l'excédent des recettes au 31 décembre de l'année expirée.**

**Faire connaître si ce livre est bien tenu.**

### LIVRE RÉCAPITULATIF.

**169**. Ce livre est-il coté et paraphé par le maire ?
(I. G. 1504.)

**170**. Présente-t-il, sur des feuilles spéciales, l'enregistrement sommaire des rôles des contributions directes remis au comptable, ainsi que des rôles de la rétribution scolaire et le développement des centimes communaux ? (I. G. 1512.)

**171**. Le comptable y fait-il exactement, et chaque jour, le report de toutes ses recettes et dépenses, tant comme percepteur que comme receveur municipal ? (I. G. 1504.)

**172.** Les colonnes du livre récapitulatif sont-elles additionnées à la fin de chaque mois, et toutes les fois que le comptable fait un versement à la Recette des finances? (I. G. 1508.)

**173.** Le livre récapitulatif est-il bien tenu et la rectification des erreurs a-t-elle lieu par augmentation ou réduction? (I. G. 1508.)

**174.** Est-il communiqué au Receveur des finances pour qu'il y inscrive lui-même les versements qui lui sont faits, ainsi que les placements et les remboursements de fonds au Trésor? (I. G. 1507.)

## Clôture des livres.

**175.** Les registres de l'année expirée ont-ils été clos et arrêtés au 31 décembre, par le maire de la commune où réside le percepteur? (I. G. 1518.)

**176.** Une ampliation du procès-verbal de clôture a-t-elle été remise au Receveur des finances, et indique-t-elle les causes de retard qui existeraient dans la rentrée des avances? (I. G. 1519.)

## Bordereaux et états de situation.

**177.** Le comptable adresse-t-il régulièrement au Receveur des finances de son arrondissement :

1° A la fin de chaque mois, le bordereau de situation sommaire? (I. G. 1294.)

2° Tous les trois mois, le bordereau détaillé des recettes et des dépenses, pour chaque commune et établissement ? (I. G. 1296. C. P. 24 août 1878, § 10.)

**178.** Ces bordereaux sont-ils visés : le premier, par le maire de la résidence du Percepteur (I. G. 1294), et les seconds, par les maires des communes intéressées ? (C. P. 24 août 1878, § 10.)

3° Tous les six mois, l'état des paiements faits pendant le semestre écoulé, sur le prix des adjudications et marchés ? (C. P. 10 juillet 1865, § 3, et 10 mars 1876, § 5.)

Vérifier avec soin les bordereaux détaillés. S'assurer que tous les titres figurant au carnet d'échéances de la Recette des finances y sont bien portés et que les sommes échues sont encaissées. S'assurer également que les additions sont bonnes et que les totaux des recettes et des dépenses concordent avec ceux du bordereau de situation sommaire.

## Comptabilité en matière.

**179.** Le Receveur est-il chargé d'une comptabilité en matière ?

**180.** Tient-il, dans ce cas, les comptes prescrits par l'I. G. 1460 et se conforme-t-il exactement à cet article ?

**181.** Est-il chargé de remplir les fonctions d'économe de l'hospice ?

**182.** Tient-il alors, en cette dernière qualité, pour la comptabilité en matière, d'après l'instruction du 29 novembre 1836 :

1.° Le livre à souche ;

2° Le journal général ;

3° Le grand-livre ?

**183.** Ces divers registres sont-ils cotés et paraphés par le maire ?

## Comptes de gestion.

**184.** Les comptes de gestion de l'exercice expiré ont-ils été rendus dans les formes prescrites par la circulaire de la C. P. 30 janvier 1866 ?

**185.** Ont-ils été remis au Receveur des finances, pour vérification :

1° Sur chiffres, avant le 15 avril ? (C. P. 30 janvier 1866, § 8.)

2° Avec pièces à l'appui, dans les dix jours qui ont suivi la session de mai ? (C. P. 30 janvier 1866, § 8.)

**186.** Ont-ils donné lieu à des observations, et quelle en était l'importance ?

**Les comptes de gestion n'étant que la reproduction des bordereaux détaillés, la vérification sur chiffres sera très rapidement faite si ces derniers**

ont été vérifiés avec soin. Quant à la vérification sur pièces, il y a lieu : pour la recette, de s'assurer, au moyen du carnet d'échéances, qu'aucune somme n'a été omise et que les restes à recouvrer des exercices précédents sont exactement reportés (il est bon, pour cela, de demander la minute du compte précédent), et pour la dépense, de vérifier si les mandats sont appuyés des pièces justificatives prescrites par les instructions, si ces pièces sont régulières et si les crédits ouverts par les budgets et les autorisations spéciales ne sont pas dépassés.

**187.** Quels sont les derniers comptes jugés par l'autorité compétente ?

**188.** Le comptable satisfait-il aux injonctions, dans les deux mois de la notification des arrêtés? (I. G. 1560.)

**189.** Les comptes spéciaux des opérations concernant les chemins vicinaux ont-ils été établis conformément aux prescriptions des instructions, et notamment de la circulaire du Ministre de l'intérieur du 31 mars 1875, et remis au Receveur des finances le 5 avril au plus tard. (Instruction générale sur les chemins vicinaux, art. 234.)

**190.** Ont-ils donné lieu à des observations ?

## Placements au Trésor.

**191.** Le comptable verse-t-il régulièrement les

sommes excédant les besoins du service ? (I. G. 756.)

**192.** Les remboursements de fonds placés au Trésor sont-ils toujours ordonnancés conformément aux prescriptions de l'I. G. 761 ?

**Faire indiquer par le comptable, sur les bordereaux de situation sommaire et sur les bordereaux de situation produits à l'appui des versements, les motifs de conservation des sommes supérieures aux besoins ordinaires du service.**

## Tournées.

**193.** Quelles sont les époques des tournées de perception dans les communes ? (I. G. 73.)

**194.** Sont-elles convenablement réglées et régulièrement effectuées ? (I. G. 73.)

**195.** Le tableau de fixation des jours de tournée est-il affiché dans le bureau du comptable ? (I. G. 73.)

**Pour s'assurer que les tournées sont régulièrement faites, il convient de vérifier avec les journaux à souche, si des recettes ont été effectuées sur les rôles des communes, aux dates où le comptable devait s'y rendre. S'il n'a pas été effectué de recettes, il y a tout lieu de croire que la tournée n'a pas été faite.**

—

## Personnel.

**196.** Le comptable exerce-t-il personnellement ses fonctions et gère-t-il seul son service ? (I. G. 1268 et 1269.)

**197.** Réside-t-il au chef-lieu ? (I. G. 1248.)

**Sont réputés ne pas résider au chef-lieu de leur réunion, les Percepteurs qui n'y habitent pas d'une manière permanente, bien qu'ils y aient un domicile. (I. G. 1248.)**

**198.** Est-il autorisé par l'administration à résider ailleurs ? (I. G. 1247.)

**199.** N'exerce-t-il aucun autre emploi qui, aux termes des lois et règlements, serait incompatible avec ses fonctions ? (I. G. 1273.)

**200.** Ne s'absente-t-il jamais sans congé ? (I. G. 1252.)

**Les comptables qui s'absentent sans autorisation peuvent être privés de leurs émoluments, pendant un temps double de leur absence irrégulière. (I. G. 1264.)**

**201.** Possède-t-il les lois, règlements, instructions et circulaires concernant les divers services qui lui sont confiés ?

## Archives et tenue du bureau.

**202.** Le bureau est-il ouvert de neuf heures du

matin à quatre heures de l'après-midi ? (C. P. 5 mai 1862.)

**203.** Est-il convenablement aménagé, et l'espace réservé au public suffisamment grand et couvert ? (C. P. 16 novembre 1877, § 1er.)

**204.** Les archives sont-elles classées dans l'ordre indiqué par le modèle n° 312 de l'I. G. et rangées dans des cases ou cartons distincts placés dans un casier ou une armoire ? (I. G. 1528.)

**205.** Les rôles et livres journaux ayant plus de trois ans d'existence ont-ils été déposés à la Recette des finances ? (I. G. 96 et 1527.)

**206.** Ceux concernant le service municipal (**rôles des prestations et de la taxe sur les chiens**) ont-ils été déposés aux archives des mairies ? (C. P. 30 juillet 1867, § 4.)

**207.** Le comptable a-t-il les récépissés de ces dépôts ?

## Vérifications et gestions précédentes.

**208.** Le comptable a-t-il été précédemment vérifié, soit par les Inspecteurs des finances, soit par le Receveur des finances ?

**209.** Quelle est la date de la dernière vérification ?

**210.** Le comptable a-t-il tenu compte des observations qui lui ont été faites ?

**211.** A-t-il (s'il n'est pas débutant) été dispensé

de fournir un nouveau cautionnement? (I. G. 1235.)

**212.** Dans l'affirmative, n'a-t-il rien négligé pour l'apurement de son ancienne comptabilité et son cautionnement est-il appliqué à la nouvelle gestion ? (I. G. 1235.)

## Droits et devoirs des Receveurs des finances.

Les Receveurs des finances sont tenus, chaque année, de procéder personnellement, au domicile des Percepteurs, à la vérification des diverses parties de leur service. Ils doivent, sur les lieux mêmes, se rendre compte, non seulement de l'exécution du service et des difficultés inhérentes aux diverses localités de l'arrondissement, mais encore de la situation personnelle de leurs subordonnés. (I. G. 1306. C. P. 20 octobre 1877.) Ils doivent également procéder plusieurs fois par an, au moins par épreuves, au pointage des émargements. (C. P. 24 août 1878, § 4.)

Ils peuvent appeler les Percepteurs au chef-lieu d'arrondissement, en leur prescrivant d'apporter leurs rôles, leurs registres et tous autres documents et pièces de comptabilité. (I. G. 1286, n° 6, et 1292.)

Lorsque le Receveur des finances ne trouve pas

le comptable à son domicile, il peut apposer son cachet sur la caisse, jusqu'au moment où il opérera la vérification du service. En cas d'absence constatée du comptable, il peut, en présence du maire, faire ouvrir la caisse et procéder à la vérification. (I. G. 1309.)

Dans le cas où la vérification ferait reconnaître des retards et des irrégularités, le Receveur des finances peut placer auprès du comptable un agent spécial. (I. G. 1297.)

Si les irrégularités reconnues sont de nature à motiver la suspension du comptable, le Receveur des finances peut lui retirer immédiatement le service. Le Receveur nomme alors un gérant intérimaire et le fait connaître au sous-préfet. Une expédition du procès-verbal, constatant la mesure qui a été prise, reste entre les mains du comptable suspendu de ses fonctions, une autre est conservée par le Receveur particulier, qui doit en envoyer une copie au Trésorier général. Indépendamment de ces dispositions, le Receveur doit, sous sa responsabilité, le jour même où il a fermé les mains à un comptable pour cause de désordre grave, notifier cette mesure à chacun des maires de la circonscription et les requérir d'informer sur-le-champ les habitants de la commune, par la voie la plus prompte, que le Percepteur, se trouvant suspendu de ses fonctions, ils aient à s'abstenir d'effectuer entre ses mains le paiement d'aucune somme, même contre une quittance à souche, sous peine de payer deux fois. Le Receveur des finances doit se mettre en mesure de justifier, le cas échéant, par un reçu des maires, qu'il s'est conformé à cette disposition. (I. G. 1310.)

Outre les mesures qui précèdent, une retenue, dont le maximum est fixé à deux mois de traitement, peut être infligée d'office aux Percepteurs, par voie disciplinaire, pour inconduite, négligence ou manquement au service. (I. G. 1311.)

Lorsqu'il y a lieu de remplacer un Percepteur décédé, le Receveur des finances présente, à l'agréement du sous-préfet, le gérant intérimaire et donne l'ordre à ce dernier de se rendre à son poste sans délai, fût-ce même un dimanche ou un jour férié, afin d'éviter l'apposition des scellés sur la caisse et sur le bureau. Si, avant son arrivée, les scellés avaient été apposés et que les délais prescrits pour la levée ne soient pas expirés, ou que la levée complète ne puisse être opérée, le gérant peut saisir, par voie de référé et pour cause d'urgence, le président du tribunal de première instance, conformément à l'article 928 du Code de procédure civile ; il obtiendra ainsi une levée partielle après laquelle les registres et la caisse lui seront alors remis après description. (C. P. 24 juillet 1879, § 2.)

Le Receveur des finances doit, non seulement constater dans son rapport les résultats de la vérification, mais aussi la façon dont marche généralement le service. Il doit signaler les divers points qui, dans le cours de l'année, ont laissé à désirer, ainsi que les efforts faits par le comptable pour obtenir de meilleurs résultats. Les mesures disciplinaires qui auraient été appliquées et les envois d'exprès doivent être signalés d'une manière particulière.

# TABLE DES MATIÈRES

Nancy. — Imprimerie Berger-Levrault et Cie.

# BERGER-LEVRAULT & C<sup>ie</sup>, LIBRAIRES-ÉDITEURS

## PARIS, 5, RUE DES BEAUX-ARTS, ET NANCY

---

**Contrainte par corps** en matière criminelle et forestière. Commentaire de la loi du 22 juillet 1867, par MM. GUYOT et PUTON, professeurs à l'école forestière. 1 vol. in-8° . . . . . . . . . . . . . . . . . . 6 fr.

**Traité de la législation spéciale du Trésor public** en matière contentieuse, par M. J. DUMESNIL, nouvelle édition entièrement refondue et augmentée, par M. G. PALAIN, directeur du contentieux, de l'inspection générale, de la statistique et de l'ordonnancement au ministère des finances, 1 vol. in-8° . . . . . . . . . . . . . . . . . . . . . . 8 fr.

**Table alphabétique, analytique et raisonnée des circulaires de la comptabilité publique,** par A. BÉLOT, sous-chef au ministère des finances. Un vol. grand in-8° . . . . . . . . . . . . . . . . . . 5 fr.

**Instruction du 20 septembre 1875,** concernant le service des amendes et condamnations pécuniaires. Textes et modèles; in-folio. Broché . 4 fr.

**Table alphabétique et analytique des matières contenues dans l'Instruction du 20 septembre 1875** sur le service des amendes et condamnations pécuniaires; format de l'instruction. . . . . . . . . . 1 fr. 50

**Nomenclature des quittances soumises ou non soumises au timbre,** par M. LONJARRET, percepteur . . . . . . . . . . . . . . . 2 fr.

**La réunion des services de l'assiette et du recouvrement.** Examen du projet de loi déposé par M. Marcel BARTHE, à la Chambre des députés, le 19 novembre 1878. Un vol. in-8° . . . . . . . . . . . . 3 fr.

**Code des Comptes de gestion,** ou répertoire des règles relatives à la présentation, aux justifications, au jugement et à l'apurement des comptes d'exercices, des Receveurs remplacés, intérimaires et installés, en ce qui concerne les communes, établissements de bienfaisance et associations syndicales. *4e édition.* Un beau volume in-12. Prix, broché . . . 3 fr. 50
Relié en percaline . . . . . . . . . 4 fr. 50

**Commentaire sur les poursuites en matière de contributions directes,** suivi d'un traité sous forme de règlement des poursuites en matière d'amendes et condamnations pécuniaires, par E. DURIEU. Nouvelle édition, 3 volumes in-8° . . . . . . . . . . . . . . . . . . 15 fr.

**Les Sociétés de secours mutuels,** règles relatives à leur organisation et à leur administration, présentées sous forme de tableau, par A. DUTILLEUX, chef de division à la préfecture de Seine-et-Oise, 1880. In-4°, broché. 1 fr.

**Programme des examens du candidat percepteur surnuméraire.** Résumé de tous les arrêtés, décrets et circulaires relatifs aux conditions des examens et des nominations, 1880. Broch. in-12 . . . . . . . . 50 c.

**Manuel du candidat à l'emploi de percepteur surnuméraire,** rédigé conformément au programme officiel; réglé par l'arrêté ministériel du 3 octobre 1873; par D. MILLET, contrôleur principal des contributions directes, premier commis de direction. Un beau volume in-12, 3e édition. Prix broché . . . . . . . . . . . . . . . . . . . 4 fr.
Relié en percaline anglaise . . . . . . . 5 fr.

**Les Emplois dans les finances.** Programmes et conditions des concours pour l'admission au surnumérariat dans l'administration centrale des finances, les contributions directes, la perception, les contributions indirectes, les douanes, l'enregistrement et les postes. *Organisation, attributions et traitements.* In-12, broché. . . . . . . . . . . 1 fr. 25

---

Nancy. — Imprimerie Berger-Levrault et C<sup>ie</sup>.

9 7 8 2 0 1 1 9 0 9 3 9 8